# LOUISE

OU

Captivité d'une

# JEUNE FRANÇAISE

EN AFRIQUE.

PAR AD. PÉCATIER.

PARIS,
Ve DESBLEDS, Libraire,
*Quai des Augustins*, 47.
1851

# LOUISE,

OU

# CAPTIVITÉ D'UNE JEUNE FRANÇAISE

## EN AFRIQUE,

PAR AD. PÉCATIER.

PARIS;
Mme Ve DESBLEDS, LIBRAIRE,
QUAI DES AUGUSTINS, 49.

# LOUISE,

ou

## CAPTIVITÉ D'UNE JEUNE FRANÇAISE

## EN AFRIQUE

La France, qui depuis longtemps éprouve la valeur et la constance de nos soldats en Afrique, n'a qu'à se louer de la noble résistance qu'ils opposent aux attaques perpétuelles d'une armée sans cesse renaissante et fanatisée par quelques chefs imprudents. On sait que l'ennemi ne doit l'honneur de lutter si longtemps avec nous qu'au seul avantage des localités, et que notre ardeur infatigable à soutenir la gloire de notre drapeau opèrera enfin, parmi les Arabes, une défaite générale qui alors sera sans remède.

Par suite du vif intérêt qu'inspire une si

longue guerre à ceux qui sont nés Français, toutes les nouvelles qui nous arrivent d'Afrique, non-seulement piquent notre curiosité ; mais encore provoquent chez nous une chaleureuse sensibilité.

L'histoire que nous offrons au lecteur ne pourra qu'entretenir chez lui ces sentiments de patriotisme, et réveiller cet amour fraternel que chacun de nous doit à tous ceux qui ont vu le jour sous notre beau ciel.

Louise, jeune et intéressante Parisienne, appartenait à de pauvres parents, qui, n'ayant jamais eu pour vivre que le travail de leurs mains, avaient toujours gardé l'honneur pour guide, et avaient constamment appris à leur fille à suivre leur exemple. Ravis de la voir grandir à l'ombre de leurs vertus, ils reposaient sur elle leurs plus douces espérances et voyaient sans peine arriver leur vieillesse, prévoyant déjà qu'elle en serait le plus constant et le plus ferme appui. Mais au milieu de ce beau rêve, la mort vint presque en même temps les frapper tous deux, et la pauvre Louise, encore sans expérience et privée même d'une seconde famille, se vit seule avec sa douleur et sa misère.

Un coup aussi accablant abattit d'abord son courage et suscita en elle un vif désespoir; mais, douée d'une énergie rare, elle s'en servit pour combattre sa tristesse et parvint à la maîtriser. Comme on lui avait inspiré dès son bas âge l'amour du travail, ce fut en s'y livrant toute entière qu'elle put se distraire des pensées affligeantes qui venaient l'assiéger, et pourvoir à des besoins qui désormais ne pouvaient éveiller d'autres soins que les siens. Elle fit bientôt l'admiration de tous ceux qui la connaissaient, elle et son infortune; et bien des personnes, touchées de son courage et de sa résignation, vinrent avec beaucoup de ménagement lui offrir, sans intérêt, des secours que son amour-propre sut refuser : elle préférait devoir au travail ce que lui présentait une pitié dont pourtant elle n'aurait pas eu à rougir.

Elle méritait bien cette admiration qu'elle

provoquait dans le voisinage; car seule parmi ses jeunes compagnes, elle possédait ces vertus précoces qui mettent une faible fille à l'abri de tout écueil, et ne permettent pas de redouter qu'orpheline et livrée à elle-même, elle passe d'une douleur de peu d'instants aux écarts d'une périlleuse indépendance. La nature lui avait donné pourtant tout ce qui peut flatter une imagination ardente et lui inspirer des pensées d'orgueil. Seize ans formaient son âge; sa figure, d'une régularité parfaite, offrait un ensemble accompli, et devait une partie de sa ravissante expression à de beaux yeux noirs dont l'empire, sans qu'elle s'en doutât, s'exerçait sur tous ceux qui passaient devant elle. Sa démarche était grave sans affectation; son sourire avait un mélange de douceur et de sévérité, et son langage, toujours réservé, lui servait de bouclier contre ceux qui auraient eu l'intention de tenir devant elle des discours illicites ou trop familiers.

Pourtant son âme était tendre et sensible,

et quoique réservée dans toutes ses manières, elle n'allait pas jusqu'à adopter un caractère farouche.

Par une singulière combinaison du hasard, elle avait pour voisin, dans la maison qu'elle habitait, un jeune homme orphelin comme elle, et qui, dominé également par l'amour du travail et imbu d'excellents principes, provoquait aussi l'admiration générale par sa bonne tenue et les rares qualités qui ornaient son cœur.

Comme par une force invincible, l'un fut attiré vers l'autre, et Joseph (c'était le nom du jeune homme), en s'approchant le premier de Louise, ne la fit pas rougir par sa présence inattendue. D'abord, elle avait entendu parler de lui dans les termes les plus favorables, et, de plus, son esprit bon et confiant ne s'arrêtait jamais à de mauvaises pensées sur le compte d'autrui. Ajoutons que Joseph portait sur son visage l'empreinte de la plus belle âme, que son cœur franc et loyal se peignait dans ses yeux, et que son langage modeste et doux aurait été capable de rassurer l'oreille la plus chaste et la plus timide.

Épris des charmes naïfs de la jeune fille, Joseph, guidé par les intentions les plus pures, aborda sans déguisement le motif qui le conduisait auprès d'elle.

« Mademoiselle, lui dit-il, orphelin comme vous et sincère admirateur des vertus que chacun vous reconnaît, je me sens attiré vers vous par une sympathie à laquelle je ne puis résister. J'ai cru ne pas faire une démarche blâmable en venant vous faire agréer l'hommage de mon sincère respect et de mon amour qu'il est en votre pouvoir de fortifier en daignant seulement y sourire aujourd'hui. Je touche à ma vingtième année; à cet âge, exerçant une profession honorable et assez lucrative, on peut se promettre de faire le bonheur d'une épouse, et de lui assurer une vie douce et tranquille. J'attends votre réponse, Mademoiselle; puisse-t-elle m'être favorable, et je bénirai le ciel, qui m'a inspiré l'heureuse idée de venir vers vous.

— Monsieur, répondit Louise, tout le bien que j'ai entendu sur votre compte ne peut certainement que me faire ajouter une foi entiére à l'honnête proposition que vous venez de me faire; mais votre demande renferme une pensée assez sérieuse pour que je m'y arrête quelques jours, et que je délibère avec moi même. Revenez, si vos loisirs vous le permettent, et ma réponse, dont j'ignore aujourd'hui la nature, pourra du moins vous fixer sur mes intentions. »

Joseph, satisfait des paroles de Louise, qui avaient été prononcées avec un ton de bienveillance inexprimable, la salua respectueusement et se retira, le cœur rempli d'une délicieuse espérance.

La jeune fille ne put pas déguiser l'agréable émotion qu'elle ressentait, et, lorsqu'elle fut seule, elle donna un libre cours à ses réflexions, et se composa en un clin-d'œil le tableau des plaisirs que promet le mariage, lorsqu'il est contracté par deux cœurs vertueux disposés à garder toujours leurs mutuels serments.

Quelquefois, interrompant ses idées, elle s'arrêtait pensive, et ne se trouvait pas le jugement assez mûr pour décider elle-même de son avenir; mais à qui faire part de son projet? A quels avis avoir recours? Elle ne connaissait personne qu'elle jugeât digne de sa confiance.

A force de réflexions, tout embarras fut levé, et l'idée de s'arracher au sombre isolement dans lequel la mort de ses parents l'avait plongée, jointe à la bonne opinion qu'elle avait de Joseph, l'invita enfin à se prononcer affirmativement, en se réservant toutefois le pouvoir de se rétracter, si, du jour de sa promesse à celui du mariage, elle rencontrait un empêchement légitime.

Joseph, dévoré par l'impatience de connaître son sort, et déjà enflammé d'un chaste mais violent amour pour la jeune orpheline, vint, au bout de huit jours, connaître le résultat de ses réflexions. En entrant, son cœur battait violemment et flottait entre la crainte et l'espérance; mais il fut bientôt rassuré par un demi-sourire de Louise, qui, quoique rougissant à son approche, sut mal déguiser le plaisir qu'elle éprouvait à le revoir.

« Mademoiselle, dit-il d'une voix douce et subordonnée, je viens, avec le respect et la soumission qui vous sont dus, entendre ma sentence. Hâtez-vous, de grâce, de la prononcer ; mais n'oubliez pas que vous voyez devant vous celui qui ne désire vivre que pour faire votre bonheur. »

Louise resta silencieuse quelques instants. Ce n'était pas qu'elle fût indécise sur le parti qu'elle avait à prendre : son cœur avait fait son choix; mais, d'un côté, comprenant toute la gravité de l'engagement qu'elle allait prendre; et, d'un autre côté, troublée par les premières sensations d'un amour naissant, elle était comme on est à seize ans, timide, interdite et retenue par cette pudeur qui est le partage d'une âme candide.

« Monsieur, dit-elle enfin d'une voix basse, j'accepte sans contrainte la proposition que vous m'avez faite naguère, persuadée qu'avant et après notre union, votre conduite à mon égard sera toujours celle d'un loyal et galant homme; mais, je vous en prie, que ma facilité à accueillir favorablement votre demande ne vous serve pas de prétexte pour croire que ma réponse eût été la même si je l'eusse adressée à tout autre que vous. La conformité qui existe entre nos positions et, je le dis encore, la bonne conduite dont toujours vous avez fait preuve m'ont seules déterminée à me rendre à vos sollicitations. Que faire ensuite, seule et à mon âge? Malgré tout mon courage, l'abandon où je suis plongée me tue chaque jour, et le travail même que j'aime tant et auquel je me livre toute entière et avec la plus vive ardeur, ne peut pas me débarrasser de mes tristes pensées et faire renaître sur mes lèvres ce sourire qui autrefois y siégeait toujours, et que mes pauvres parents semblent avoir emporté avec eux dans la tombe

Vous paraissez attendri, Monsieur ; tant mieux, vous m'avez comprise ; mais une chose m'embarrasse. Comme l'exécution de notre projet demande encore du temps, une grande difficulté s'élève dans mon esprit. Je ne puis et ne dois vous recevoir chez moi ; car malgré nos pures et honnêtes intentions, je ne me sens pas la force de braver le préjugé.

Joseph satisfait de cette pudeur qu'on rencontre si rarement chez une jeune fille maîtresse surtout d'elle-même, lui sourit de la manière la plus expressive pour lui faire comprendre tout son contentement et prit congé d'elle sans lui parler du motif qui le faisait partir avec tant de précipitation.

Joseph, à qui la mort avait ravi toute sa sa famille; avait encore pour appui un oncle qui le chérissait tendrement. Il se transporta chez lui, le cœur plein de confiance et lui exposa sans détour le but de sa démarche.

Cet affectueux parent souscrivit sans peine à une union qui devait faire le bonheur de son neveu, et pour lui prouver toute la sollicitude qui l'animait pour lui, il lui promit de hâter son mariage de tous ses efforts. Il exprima le désir de voir Louise, et lorsque l'occasion s'en fut présentée, l'aspect de cette jeune fille produisit sur lui un effet si favorable qu'il ne put s'empêcher de le confesser. Mes enfants, dit-il, d'une voix toute paternelle, soyez heureux; c'est le plus cher de mes souhaits. Votre union sourit à mon cœur, me présage pour vous un avenir fortuné; car je fais consister le bonheur plutôt dans la vertu que dans la richesse, et dès aujourd'hui je m'occuperai sérieusement d'un mariage où malgré ma vieillesse, je prétends déployer la gaieté de mon printemps. Il prit ensuite la main de Louise, l'approcha de ses lèvres avec un mouvement qui exprimait toute la franchise de son âme, et se retirant avec Joseph, il laissa la jeune fille livrée aux plus douces pensées.

La conduite du vieillard justifia les promesses qu'il avait faites, et au bout de deux mois, le jeune couple prononça devant l'autel le serment de fidélité.

Nous n'entreprendrons pas de peindre la joie des deux époux. On comprend aisément que des cœurs novices dans l'amour et qui en étaient à leurs premières flammes durent s'embraser quand ils purent s'appartenir, et que la première étreinte leur procura un bonheur qu'on ne goûte qu'aux cieux.

L'oncle de Joseph se trouva aussi heureux que ceux dont la félicité était son ouvrage, et comme il l'avait promis, il déploya dans le festin et le bal qui suivirent le mariage la gaîté d'un jeune homme de vingt-cinq ans. Ce bon vieillard heureux du bonheur des autres, jouissait de la joie de son neveu et s'applaudissait d'avoir pu lui être utile. Il leur fit meubler un petit appartement sans luxe, mais d'une propreté remarquable, et ne négligea rien pour rendre l'existence des deux époux agréable et douce.

Cependant Joseph touchait à cette époque où tout Français doit payer sa dette à la patrie. On allait bientôt commencer à faire une nouvelle conscription. Son oncle, pour dissiper ses tendres alarmes, lui donna l'assurance de lui trouver un remplaçant si l'urne du tirage lui était défavorable ; mais par un accident aussi imprévu que funeste, cette généreuse promesse ne put point se réaliser. Un furieux incendie dévora tout l'avoir du vieillard ; qui, ruiné en un moment, eut lui-même besoin de la pitié de celui qu'il avait juré de secourir.

Si Joseph fut satisfait de prouver à son oncle toute sa reconnaissance, d'un autre côté, accablé par une si terrible catastrophe, il comprit toute l'étendue du malheur dont il serait bientôt victime, si, dans quelques mois, il se voyait forcé de faire partie de la jeune milice.

Ses craintes n'étaient, hélas ! que trop fondées et ses vœux les plus chers ne devaient pas être exaucés. Un mauvais numéro lui échut dans l'urne fatale, et comme les nombreux mouvements qui s'exécutaient en Afrique, exigeaient promptement une levée de soldats, il fut choisi dans le nombre de ceux qui devaient partir pour ce lointain pays.

Nous laissons à penser quelle fut la tristesse des deux jeunes époux lorsqu'ils se virent obligés de se séparer peut-être pour toujours. C'est vainement qu'ils cherchèrent dans leur amour inquiet le moyen d'échapper à ce cruel divorce. Vivant au jour le jour, ils ne trouvèrent que des larmes à répandre,

Enfin le jour terrible de la séparation arriva. Joseph, non moins désespéré que Louise, mais puisant dans son âme énergique tout le courage dont il avait besoin pour supporter un mal sans remède, fit à son épouse les plus tendres protestations d'amour et chercha à relever son cœur abattu en lui parlant d'un retour peut-être glorieux pour lui et de la légitimité d'un départ auquel étaient aussi condamnés tous ses camarades. Louise moins forte que sa douleur, paraissait insensible à toute espèce de consolation. Que lui importait en effet la gloire et la légitimité de la dette que son époux allait acquitter envers son pays? Ne possédant que lui pour ressource et pour bonheur, elle perdait tout en le perdant, puisqu'elle le voyait s'éloigner au moment où elle commençait à goûter les douceurs de l'union la plus douce et la mieux assortie.

Courage! mon amie, lui dit Joseph; la seule voix de ma patrie qui m'appelle peut me rendre sourd à la tienne. Ta voix est si douce à mon oreille, me pénètre le cœur si fortement, que ne lui pas obéir, c'est pour moi le plus cruel martyre. De grâce! arrête tes sanglots, suspends tes plaintes, dissipe tes alarmes, sans cela, vaincu par toi et par ton amour, je puis devenir parjure à l'honneur. Louise, ma tendre et seule amie, écoute un époux qui t'adore, maîtrise comme moi tes généreuses inquiétudes, et rappelle-toi qu'il est un Dieu qui exauce toujours les vœux de ceux qui espèrent en lui. Du reste ta résignation sera à mes yeux la preuve de ton attachement pour moi.

Ces dernières paroles calmèrent un peu l'agitation de Louise, son cœur prit une force nouvelle, et comme éclairée par une bienfaisante lumière, elle vit le départ de son époux tout à fait naturel et nécessaire. Joseph fit les apprêts du départ, embrassa sa bien-aimée, lui renouvela ses serments de fidélité, et, après avoir échangé avec elle les plus vives caresses, il s'éloigna, le cœur gros de douleur, et les yeux glonflés de larmes qu'il avait eu de la peine à retenir. Le jour même, il endossa l'habit militaire et s'éloigna de Paris avec ses compagnons d'armes. Un mois après, il s'embarqua sur un vaisseau de l'état et, grâce à une heureuse traversée, il mit enfin le pied sur le rivage Africain.

Ce fut là, que loin du pays qui l'avait vu naître et de sa chère Louise, il versa d'abondantes larmes en pensant que peut-être il était condamné à ne plus revoir tout ce que son cœur aimait. Ce fut là qu'il maudit la gloire et cette ambition cruelle et fanatique qui arme les peuples les uns contre les autres; mais il fallait obéir et se résigner. Du reste c'était le premier effort d'une douleur bien naturelle qui le faisait gémir sur son sort; car au bout de quelques jours, il reprit sa première énergie, et se consola noblement d'un mal qu'il partageait avec tant d'autres.

Louise, abandonnée à elle-même, n'imita pas son courage. Privée de son seul appui, elle en pleura l'absence en se livrant au plus sombre désespoir. A la douleur qu'elle éprouvait d'une aussi cruelle séparation, venait se mêler les plus vives craintes. Si je connaissais, disait-elle souvent, le moment de son retour, je puiserais au moins dans cette sûre attente un motif de consolation; mais hélas! peut-être ne reviendra-t-il plus; mon pauvre Joseph... Il est peut-être plus à plaindre que moi. Que dis-je? Il peut déjà être rayé du nombre des vivants et gît sans sépulture enseveli sous les débris d'un horrible combat. Oh! malheureuse Louise! Que vas-tu devenir! Qui pourra désormais t'aider à supporter le fardeau de ta pénible existence?

C'est ainsi que seule dans sa chambre désertée par les amours, gémissait cette jeune épouse, pleurant sans cesse l'objet qu'elle croyait avoir perdu pour toujours. Elle eut beau implorer le ciel pour qu'il lui donnât la force de prendre son mal en patience, sa tristesse prit tous les jours une nouvelle activité. Enfin, amaigrie par les tourments de l'absence et ne prenant conseil que de son cœur aux abois, elle conçut le projet hardi d'aller rejoindre son époux.

Ce n'était pas, croyez-le bien, qu'elle voulût se dérober à la misère ou à la fatigue d'un travail pénible et quotidien; elle ne haïssait rien tant que l'oisiveté et son unique bonheur était de s'occuper au moins douze heures par jour. C'est qu'elle aimait sans réserve celui auquel elle était liée par un serment solennel ; c'est que vivre loin de lui était devenu pour son cœur une chose impossible ; c'est enfin qu'il lui fallait le revoir bientôt ou mourir. En vain, en femme raisonnable et sage, chercha-t-elle à maîtriser l'impétueux désir de son âme aimante : En-vain, voulut-elle lui opposer de bonne foi toutes les raisons que lui dictait la prudence ; cette âme en délire cria le plus haut et donna le triomphe à l'amour. Elle fixa le jour de son départ, en fit tous les apprêts et quand l'instant de quitter Paris fut arrivé, elle fit ses adieux au seul parent qui lui restât, à ce pauvre vieillard oncle de Joseph, qui du reste, mourut au bout de quelques mois, et s'éloigna avec un contentement inexprimable.

Que le lecteur n'en soit pas étonné. L'amour du berceau est un sentiment qui règne dans tous les cœurs bien nés ; il y vit entretenu par une flamme qui dure toujours ; mais quand ce sentiment est combattu par un véritable amour, cet amour domine notre cœur, y ferme accès à toute autre affection et nous ferait aller jusqu'au bout du monde pour rejoindre l'objet dont nous regrettons l'absence.

Une voiture l'eut bientôt transportée à Marseille. Elle se reposa un jour et une nuit dans cette ville et le lendemain s'embarqua pour Alger. En toute autre circonstance, elle n'eût pas bravé peut-être les dangers de la mer ; et s'exposer seule sur les flots lui eût présenté des obstacles qu'elle n'aurait pas osé surmonter ; mais uniquement occupée de son époux, et animée de la douce espérance de le revoir, elle ferma facilement les yeux sur les périls dont la crainte assiège habituellement l'esprit timide des femmes. Le trajet lui parut long dans sa vitesse : Chaque heure lui semblait un siècle ; mais, enfin le moment fortuné arriva et elle foula bientôt avec transport le rivage d'Alger.

La tendre mais pénible agitation qu'elle avait éprouvée depuis son départ de Paris lui avait occasioné une fatigue extrême ; mais elle ne prit pas le temps de se livrer à un moment de repos, tant elle désirait revoir l'objet de son tendre amour. Quelques informations la mirent bientôt sur la trace de son époux et bientôt elle se trouva dans ses bras.

On peut aisément juger du bonheur dont ils durent jouir. Se regarder en silence, s'embrasser avec transport et verser des larmes d'attendrissement et de joie, voilà qu'elle fut leur première entrevue; Joseph, devenu un peu plus calme, demanda à Louise comment elle avait pu supporter un aussi long voyage et quel motif assez pressant avait pu la déterminer à venir le rejoindre sans l'avertir au moins de son départ de Paris.

Louise, qui avait tant de bonnes raisons à opposer à son étonnement, lui dit avec un accent plein de transport et de délire: Eh! quoi, mon ami, mon courage te surprend; il est pourtant bien naturel. Ce qui devrait plutôt te surprendre c'est celui que j'ai eu de supporter si longtemps ton absence et de vivre plusieurs mois loin de toi et de tes caresses. Ne connais-tu donc pas les tourments qu'on éprouve quand on aime? N'as-tu donc pas éprouvé de ton côté, les mêmes serrements de cœur, les mêmes craintes, les mêmes inquiétudes? Oh! non; rien n'aurait pu me retenir plus longtemps séparée de toi, et je n'aurais pu comprendre rien de plus doux que le bonheur de te revoir. Je t'aime tant, Joseph, et tu mérites si bien mon amour! Mais quoi! tu ne réponds rien et la tristesse est sur ton visage! Ne serais-tu pas heureux à ton tour de revoir ta pauvre Louise.

Et en prononçant ces mots, elle se mit à verser d'abondantes larmes.

Joseph la prit dans ses bras amoureux, la pressa de nouveau sur son sein, et d'un ton plein de douceur: oserais-tu croire, mon amie, que je ne partage pas au moins ton bonheur? Rien n'est pour mon cœur et mes yeux aussi doux que ta présence; mais dois-tu me blâmer si quelques craintes bien naturelles viennent m'assiéger? Peux-tu trouver de la froideur et de l'indifférence chez celui qui uniquement occupé de ton bonheur, redoute pour toi l'adversité dans un pays où de toutes parts nous sommes environnés de dangers. Voilà, ma Louise, ce qui me rend triste, voilà ce qui gâte un peu ma félicité et m'empêche de me livrer tout entier à la joie que j'éprouve en te revoyant ; mais ne jetons pas un nuage sur notre bonheur : savourons-le sans mélange, et si le sort nous réserve quelques jours de tourments, espérons que ton courage et le mien sauront triompher de tout obstacle.

Après cette première entrevue qui ne fut que le prélude des caresses qu'ils se devaient depuis si longtemps qu'ils en étaient privés, Joseph s'occupa de loger commodément Louise. Il la conduisit dans une maison où déjà il était connu favorablement, et tout le bien qu'il avait dit plusieurs fois de son épouse ne put que disposer son hôte à la recevoir convenablement. Le lendemain même de son arrivée, elle eut le bonheur de trouver de l'occupation ; car naturellement elle était fort adroite, et tout lui réussissant au gré de ses vœux, elle n'eut qu'à s'applaudir d'avoir quitté Paris. Avec celui qu'elle aimait, le climat Africain lui semblait le plus doux. Elle n'avait jamais vu un ciel si pur et si beau, des habitants plus traitables, des mœurs et des usages plus faciles à imiter. En un mot, ce nouveau pays était devenu sa véritable patrie, puisqu'elle y trouvait toutes ses affections et les éléments qui constituent le vrai bonheur.

Pauvre femme ! son œil fixé sur son époux voyait tout en beau et un prestige heureux lui cachait dans le lointain les plus sombres nuages.

C'est ainsi que nous sommes faits. La possession de ce que nous aimons nous endort sur toute espèce de crainte, et même, quand le danger existe et nous menace, nous croyons que c'est une illusion qui nous séduit. Pourquoi? parceque c'est toujours le sentiment le plus fort qui l'emporte chez nous, et que l'amour, quand il est noble et vertueux, occupe tellement notre âme, qu'il la rend étrangère à toute autre sensation et lui fait défier même l'adversité.

Plusieurs semaines se passèrent dans un bonheur parfait et de jour en jour, Joseph voyait se dissiper toutes ses craintes. Lui aussi quoique plus avancé que Louise dans la vie et en connaissant mieux tous les écueils, se laissa éblouir par quelques instants de bonne fortune, et crut que les choses iraient toujours d'un pas égal. Helas! le moment approchait où ce fil heureux allait se rompre, où le désespoir allait envahir deux cœurs livrés à la joie la plus pure.

Depuis l'arrivée de Louise sur la terre algérienne, les Français n'avaient eu aucune attaque avec l'ennemi et tout s'était maintenu dans une paix apparente. Enfin les hostilités commencèrent, et l'heure de l'attaque étant décidée, nos soldats s'y préparèrent avec ardeur. Joseph lui-même, chez qui l'amour n'excluait pas les nobles sentiments, vit arriver avec plaisir l'heure du combat, jaloux de cueillir un laurier sur un sol où les siens s'étaient illustrés tant de fois. Il était impossible d'en cacher la nouvelle à Louise qui tressaillit d'effroi en l'apprenant; mais il fallait que Joseph partageât les mêmes dangers que ses camarades, et la tendre épouse, dissimulant autant qu'elle put ses vives alarmes, se borna à faire des vœux pour sa conservation. Elle l'embrassa, le serra étroitement sur son cœur agité, et pour ne pas diminuer le courage dont elle se sentait animé, elle le quitta avec une feinte tranquillité en dérobant à sa vue les larmes qui commençaient à inonder ses yeux.

Au revoir! lui dit Joseph d'une voix attendrie dont il cherchait en vain à diminuer l'émotion. Au revoir! ma Louise adorée, je pars combattre l'ennemi de ma patrie qui est aussi la tienne. Espérons que dans peu je t'apporterai de bonnes nouvelles. Tiens, viens m'embrasser de nouveau et que ce baiser avec l'aide de Dieu soit le gage de mon prompt et heureux retour.

Alors tous deux pleurèrent sans le vouloir,

maudirent tout bas le fatal métier des armes ; mais gardèrent chacun sur leur visage la douce empreinte de l'espérance.

Cependant l'heure de l'attaque s'avançait. Nos rangs s'organisèrent et les Français se mirent en marchent au son d'une musique belliqueuse qui faisait entendre à leurs oreilles les airs qui jadis avaient enflammé nos pères. L'ennemi était à trois lieues de distance et, sans se déplacer, nous attendait de pied ferme. Nous fûmes bientôt arrivés sur le lieu où devait se livrer le combat. Le signal fut donné, le salpêtre s'alluma, les balles sifflèrent et le sang arabe coula bientôt en abondance. L'ennemi fit à la vérité de terribles efforts pour résister. Chaque pouce de terrain qu'il perdait, il cherchait à le reprendre; mais enfin il fallut céder à la valeur française: tout se soumit ou détala.

Cette petite victoire qui ne faisait qu'augmenter le nombre de bien d'autres succès mille fois plus brillants, ne laissa pas pourtant d'encourager nos soldats et de leur faire pousser des cris d'allégresse. Quoique la lutte n'eût pas été longue, beaucoup s'étaient signalés et avaient prouvé ce qu'ils auraient été capables de faire si la rencontre avec l'ennemi eût été plus acharnée et plus périlleuse. Parmi ceux qui dans nos rangs méritèrent une mention honorable, Joseph fut compté. Courageux par nature, il avait voulu rendre le premier son début remarquable ; aussi l'avait-on vu, quoique novice encore dans le métier des armes, déployer l'ardeur et le sang-froid d'un vieux soldat et mesurer ses coups avec une habileté qui presque toujours est le résultat de la pratique : Ses chefs le félicitèrent à haute voix devant ses camarades et lui promirent un encouragement.

Cependant les Arabes vaincus s'étaient dispersés dans la plaine et, fuyant avec leurs bagages à demi brisés, avaient laissé sur la place tout ce dont ils n'avaient pas eu le temps de se charger. Cette partie de leur butin etait devenue, la proie de nos soldats qui revinrent sous leurs tentes, joyeux de leur victoire et fiers de leur courage. Joseph, que ce premier coup d'essai avait aguerri, marchait aussi tout rayonnant d'allégresse et aurait voulu précipiter le pas pour aller plus vite recevoir les baisers et les félicitations de sa chère Louise.

Mais que faisait de son côté cette tendre épouse? Après le départ de Joseph, elle avait versé d'abondantes larmes qu'elle n'avait pas pu retenir. Flottant entre l'espérance et la crainte et revenant sans cesse à ses frayeurs si naturelles, elle se représentait à chaque instant son époux tombant sous le fer ennemi et expirant en prononçant le nom de son amie. Son imagination effrayée se le retraçait couvert de sang et de poussière ou luttant en désespéré seul au milieu d'un cercle ennemi.

Obsédée par tant de terreurs et agitée par une trop vive impatience pour se donner le temps d'attendre la nouvelle du combat, elle partit échevelée et se dirigea vers le côté où elle avait vu nos soldats s'engager. Livrée à toutes ses pensées d'amour et uniquemen occupée de l'objet de sa tendre sollicitude, elle s'orienta fort mal et, dans sa confiance, croyant que chaque pas la rapprochait de son époux, elle courut au hasard, appelant de la voix et cherchant des yeux son pauvre Joseph.

Où cours tu, femme infortunée? Ton époux est déjà derrière toi et se hâte de revenir au réduit que tu viens de quitter pour te faire hommage de son premier laurier. Oh! reviens sur tes pas! Devant toi est la honte et le malheur!

La tendre Louise courait sans cesse et n'apercevait dans le lointain que des nuages de poussière. Les voilà, se disait-elle quelquefois, les voilà, ces chers Français et avec eux mon bien aimé; Pressons le pas pour les atteindre plus vite. C'est ainsi que l'illusion avait pour elle les douceurs de la réalité; mais lorsque ces nuages qu'elle aurait dû maudire disparaissaient, elle pleurait et disait d'une voix plaintive : Je ne vois rien venir, je me suis donc trompée encore cette fois; et alors, elle précipitait le pas comme pour atteindre ce qu'elle venait de voir disparaître et que dans sa confiance naïve elle regardait comme le signal du bonheur.

Malheureuse femme ! Ses yeux abusés voyaient de loin ce qui bientôt devait lui causer les plus vives alarmes et la plonger dans le plus affreux désespoir. Ces nuages de poussière qui changeaient de place à chaque instant étaient suscités par les piétinements des chevaux Arabes qui, répandus dans la plaine, formaient une embuscade inévitable pour tout Français égaré ou isolé des siens.

A force de marcher sans succès, Louise vint d'elle-même tomber dans le piège et se trouva au milieu de cavaliers ennemis qui bondirent de joie en apercevant une proie si belle.

Louise dont l'innocence ne connaissait pas la méchanceté des hommes, et qui n'aurait jamais supposé que la haine que deux peuples se portaient à la guerre pût exister encore après la fin du combat, fut la première

son époux et mettez votre gloire à remporter une victoire plus belle que celle que vous voulez vous procurer en me gardant votre prisonnière. Vous riez de pitié, Monsieur! oh! non, mes yeux m'abusent et vous allez me rendre à la liberté. Parlez, parlez, je vous en supplie.

Enfant que vous êtes, répliqua Mit-jhadi, espérez-vous me toucher par vos larmes, et croyez-vous que je puisse les accepter comme l'équivalent des plaisirs que vous pouvez me procurer? Réfléchissez une dernière fois et rappelez-vous que votre refus ou votre adhésion va fixer votre sort pour toujours.

Il se tut et roula sur elle des yeux où perçaient la menace et la flamme criminelle qui le dévorait. Louise par un dernier effort voulut redevenir suppliante, mais Mit-jhadi qui devina son intention ne lui en donna pas le temps, et ayant recours aux armes les plus lâches, il employa les plus honteuses menaces et même la force pour vaincre la résistance de sa prisonnière. Mais Louise, sans doute avec l'aide du ciel se débattit si fortement et poussa un cri si inspiré que l'infâme ravisseur recula comme d'épouvante et se sentit arrêté par un bras invisible plus fort que le sien et que toutes ses violences. Son orgueil en fut offensé, et réfléchissant que ce serait un triomphe indigne de lui et de son mérite, que d'obtenir de la sorte les faveurs d'une femme qui lui était si inférieure et qui n'avait pour elle que sa beauté, il résolut de la réduire par d'autres moyens. Triomphons, dit-il, de cette femme opiniâtre par les ennuis de la captivité, feignons l'indifférence, n'ayons plus l'air de nous occuper de ses vils attraits, et sa misérable beauté implorera d'elle-même une souillure.

Mit-jhadi lança de nouveau sur elle un regard de colère et fermant à double tour la porte de la chambre où elle était enfermée, il partit en sifflant un air arabe en signe de dérision.

Louise abandonnée à son désespoir se trouva plus malheureuse encore qu'en présence de son tyran, dont elle espérait du moins vaincre enfin la férocité par des prières et par des larmes. Exténuée de fatigue, elle s'étendit sur le siége qui l'avait d'abord reçue évanouie et se livrant aux idées sombres que lui inspirait sa position : Joseph! mon bien-aimé, s'écriait-elle, tu ne viendras donc pas délivrer ta pauvre Louise! La laisseras-tu donc mourir de honte et de douleur sous le pouvoir infâme du plus vil des hommes? O mon seul refuge! mon seul soutien! accours bien vite; car dans l'état où je suis je ne me sens pas capable de vivre longtemps. Mais que dis-je? Existes-tu encore, et le fer ennemi ne t'a-t-il pas déjà atteint? Ah! si la mort a tranché le fil de tes jours, j'ai lieu de m'en réjouir, car alors tu ne souffres pas de m'avoir perdue. Si j'étais sûre de ton trépas, comme je me hâterais de mourir pour aller te rejoindre! comme j'accumulerais mes souffrances les unes sur les autres, pour être bientôt accablée de leur poids; car sans toi, que peut faire Louise sur la terre!

C'est ainsi que cette malheureuse femme exhalait sa douleur. Lorsqu'elle fut un peu calmée, elle chercha à deviner les intentions qui animeraient désormais Mit-jhadi. Parfois elle comptait sur un prompt retour sur lui-même et espérait qu'une pensée généreuse viendrait bientôt attendrir son cœur barbare; mais bientôt, elle se livrait à ses premières idées de désespoir, lorsqu'elle se rappelait ses brutalités et l'ironie amère qu'elle avait aperçue dans ses yeux.

Mit-jhadi, qui, quoique investi d'un beau grade chez les Arabes, devait pourtant l'obéissance à ses chefs supérieurs, était allé rejoindre les soldats qu'il commandait; mais toujours occupé de sa belle captive à la possession de laquelle il était loin de renoncer, il lui dépêcha un des siens, après lui avoir donné toutes les instructions convenables.

L'arabe qui, jusqu'à nouvel ordre, devait être le gardien de Louise, s'achemina vers le lieu où elle était prisonnière. Au bruit qu'il fit en ouvrant la porte, l'épouse de Joseph, assoupie par l'excès de sa douleur, se leva en sursaut, et se jugeant incapable d'inspirer contre elle des pensées barbares, elle s'imagina que l'heure de la liberté allait sonner pour elle. Vain espoir! L'arabe entra dans sa chambre, déposa auprès d'elle quelques aliments, et lui remettant une lettre écrite de la main de Mit-jhadi, il se retira sans daigner même la regarder en signe de compassion. Louise essaya de le retenir quelques instants pour apprendre de lui ce qu'il pensait de sa captivité ; mais la porte se referma, et elle se vit de nouveau seule et abandonnée à elle-même. Une lueur d'espoir lui restait, et elle ouvrit la lettre avec précipitation croyant y rencontrer quelques lignes en sa faveur, mais quelle fut sa peine en n'y voyant que l'offense et la menace.

Vous avez cru, femme imprudente, lui disait Mit-jhadi, braver impunément mon amour. Vous vous êtes trompée; car oser me résister c'est se préparer un sort bien malheureux. Pourtant réfléchissez ; il en est temps encore. Dans quelques jours je viendrai en personne me présenter devant vous. N'oubliez pas qu'un sourire que vous m'adresserez pourra vous faire rentrer dans mes bonnes grâces, mais qu'en persistant toujours dans vos refus vous attirerez sur votre tête des calamités qui ne finiront qu'avec votre vie. Consultez mieux vos intérêts... Mille femmes à votre place verraient pour elles dans ma proposition autant de bonheur que de gloire.

Cette lettre ne laissa plus aucun doute à Louise sur les intentions de Mit-jhadi. Elle se vit perdue sans ressource et ne chercha pas même dans sa tête le moyen d'échapper à ses persécutions; mais le croira-t-on, réduite aux abois, aux prises avec son infortune extrême et privée de toute espérance, elle sentit pourtant son âme se relever, et comme son tyran lui parlait de gloire et de bonheur, elle sut en trouver dans une résistance opiniâtre. Elle résolut donc de lutter autant que ses forces le lui permettraient et de rendre infructueux le crime qu'avait commencé Mit-jhadi. Avant de prendre cette résolution généreuse, elle avait eu une pensée affreuse, celle de se laisser mourir de faim; mais elle regarda comme plus honorable d'opposer son courage à son malheur, ensuite, sans trop oser s'y confier, une faible lueur d'espérance brillait toujours devant ses yeux. Dieu fait quelquefois des miracles se disait-elle, et peut-être sa bonté daignera-t-elle jeter sur moi un regard de bonté. Peut-être Joseph sera-t-il bientôt mon libérateur.

C'est ainsi que cette faible victime, dans une situation qui aurait accablé toute autre âme que la sienne, puisait de l'énergie dans sa vertu et se préparait noblement à l'assaut cruel qu'on allait lui livrer. Comme ses forces commençaient à s'épuiser, elle les répara en prenant quelque nourriture ; mais fière et grande dans son adversité, elle dédaigna tout autre aliment que du pain; voulant par là prouver à Mit-jhadi qu'elle ne profitait de ses secours que pour échapper uniquement aux horreurs de la faim.

Courage, Louise! reste toujours ferme et pure. Plus ton malheur sera grand, plus tu auras de mérite à le braver. Tout n'est pas peut-être désespéré pour toi. Sois toujours digne de toi et de ton époux et fais voir à ton persécuteur que les tourments les plus affreux et la mort même ne sont rien pour ceux qui ont le sentiment de la véritable vertu.

Tandis que Louise se servait de toute l'énergie de son cœur pour opposer une vigoureuse barrière aux dangers qui allaient venir l'assaillir, Joseph, de son côté, livré à tous les accès du désespoir, se consumait en inutiles recherches pour découvrir le lieu où était enfermée Louise; ne la voyant plus paraître, il imputait sa disparition aux infâmes arabes et, dans l'impuissance de rencontrer les coupables, il vomissait contre eux mille imprécations. Tous ses camarades, ses chefs eux-mêmes, plaignaient son sort et auraient été disposés à employer les plus généreux efforts pour le faire rentrer dans la possession de son épouse chérie ; mais que moyen prendre pour cela? Où aller la chercher? Sur quel point se diriger? A quel signe pouvoir reconnaitre ses traces? Tous se perdaient en mille conjectures plus ou moins vraisemblables. De plus, en découvrant ses ravisseurs, était-on sûr de retrouver la victime? Ne pouvait-elle pas être déjà morte de frayeur ou sous les viles souillures des Arabes? Dans cet état de choses, on se bornait à plaindre le malheureux Joseph et à lui promettre une vengeance digne de son infortune, si on pouvait jamais mettre la main sur les coupables. Ce zèle généreux ne consolait pas entièrement Joseph; mais lui faisait supporter son mal avec plus de résignation.

Joseph, lui avait dit son colonel, informé de la perte qu'il venait de subir: J'ai appris que tu avais déployé un beau courage dans la dernière lutte avec les Arabes. Ton début est glorieux. Dans quelques jours, nous en viendrons encore aux prises avec eux, fais briller la même ardeur et ta récompense sera brillante. Privé d'une épouse que nos ennemis sans doute t'ont ravie, ne laisse pas abattre ton courage; que ta douleur ne te fasse pas oublier les devoirs d'un bon soldat, que tu sembles déjà comprendre si bien, et montre-nous que l'amour de la patrie est le sentiment qui domine encore dans ton cœur. Toutefois, n'abandonne pas encore toute espérance. Peut-être ta Louise te sera rendue. C'est en ce moment le plus cher de mes vœux.

Ce fut une satisfaction bien vive pour Joseph de voir son colonel s'occuper si familièrement de son malheur. Ce discours qu'il venait d'entendre dissipa un peu de sa tristesse, et soit qu'il fût bercé par un doux pressentiment, soit que les dernières paroles de son chef lui eussent fait regarder comme possible encore de retrouver le bien qu'il avait perdu, il sentit son courage renaître, et comme l'espérance, ce présent du ciel, ne nous quitte qu'au tombeau, il se familiarisa avec l'idée de reconquérir sa Louise.

Ce qui contribua le plus à relever son courage abattu, ce fut la récompense qu'il obtint dans une affaire qui se présenta sans qu'on s'y attendit. Les Arabes, vexés de leurs continuelles défaites, cherchaient toujours à en venir aux mains, c'est-à-dire à surprendre les Français lorsqu'ils les rencontraient en petit nombre.

Le jour où Joseph trouva l'occasion de déployer le sang-froid et l'audace dont il était susceptible, l'ennemi attaqua un petit poste à l'avancée, croyant l'envahir sans le moindre obstacle et faire prisonniers ceux qui le gardaient. C'était de leur part un grand excès d'audace ; car ils connaissaient la bravoure des Français et savaient que ces derniers n'avaient pas besoin du nombre pour triompher. Au moment où se fit l'attaque Joseph était en faction. Après ce cri d'usage : Qui vive! Il appelle aux armes. En un instant ses compagnons sont sur pied et commandés par un lieutenant intrépide, ils accueillent les Arabes avec une fusillade des mieux nourries. L'ennemi risposte, nous recommençons. Mais bientôt on ne se donne plus le temps de charger les fusils et les deux partis courent l'un sur l'autre. Le lieutenant à la tête de sa poignée de soldats, s'avance, un pistolet d'une main et son épée de l'autre; mais le sort trahit son courage et emporté par un mouvement dont il ne peut plus se rendre maître, il tombe au pouvoir des Arabes qui fondent sur lui avec impétuosité et se préparent à lui faire subir la mort la plus cruelle.

A cet aspect, les Français frémissent de rage. Joseph surtout qui se rappelle les encouragements qu'il a reçus de son colonel, veut justifier en ce moment la noble idée qu'on a déjà de lui. Aveuglé sur le danger, il se précipite vers le lieu où son lieutenant, quoique accablé par le nombre, résiste encore avec un prodigieux courage. Ses camarades qu'il excite du geste et de la voix, suivent son élan, et un moment lui suffit pour atteindre son but. Alors, bravant la balle meurtrière qui semble le respecter et passer sur sa tête, il prête la force redoutable de son bras à celui qu'il veut sauver, et aidé des siens qui rivalisent tous d'ardeur, il sème la mort et la confusion parmi les Arabes. Ceux-ci, épouvantés d'une audace dont ils n'ont jamais vu d'exemple dans leurs rangs, sont saisis d'une terreur subite, abandonnent une proie dont la possession eût été trop glorieuse pour eux, et s'enfuyent en désordre en laissant sur le sol ensanglanté plusieurs traces de leur honteuse défaite.

Après cette petite victoire, nos soldats revinrent à leur poste où Joseph fut complimenté par tous ses camarades et principalement par celui à qui il avait sauvé la vie en déployant un si grand courage. Le lendemain, toute l'armée fut informée de cette belle action, et le colonel de Joseph, se rappelant la promesse qu'il lui avait faite, s'empressa de l'exécuter avec la plus grande fidélité, et instruisit le général en chef de ce qui venait de se passer. Celui-ci, jaloux de récompenser un trait de bravoure qui pouvait-être un utile et glorieux exemple pour tous les autres soldats, le nomma sur le champ et dans la même séance caporal et puis sergent et lui promit de demander pour lui la croix des braves dont il venait de se rendre digne. Le lieutenant qui devait la vie à Joseph, ému jusqu'aux larmes devant son libérateur, et entraîné par le noble élan de la reconnaissance, le prit dans ses bras, et le pressant sur son cœur, fit publiquement un acte de justice aussi honorable pour lui que pour celui qui en était l'objet.

Que manquait-il alors à Joseph, comblé de tant d'honneurs et d'éloges? Que lui restait-il à desirer après être devenu l'objet d'acclamations unanimes? Tout cœur sensible le devinera aisément; ce qui lui manquait en ce moment, c'était ce qui nous est aussi cher que la gloire. C'était sa vertueuse femme, sa chère Louise. Oh de quels sacrifices n'eût-il pas alors payé son retour dans ses bras? Que n'eût-il pas donné, que n'eût-il pas entrepris, que n'eût-il pas bravé pour la retrouver! Avec quelle joie il l'aurait pressée sur son cœur, sur ce cœur où elle n'avait d'autre rivale que l'amour de la patrie. C'est alors que dans la plus douce étreinte, mille baisers les auraient indemnisés de leur cruelle séparation et que Joseph pour ne pas voir sur le front décoloré de Louise les traces d'une longue tristesse, l'aurait ombragé des palmes qu'il avait déjà cueillies. C'est alors enfin qu'ils se seraient aimés pour ainsi dire plus que jamais; car l'infortune alimente l'amour et attise son foyer. Comblé de félicitations, Joseph répandit quelques larmes qu'on attribua uniquement à la joie qu'il devait éprouver; mais si l'on eût mis la main sur son cœur et qu'on eût pris la peine d'en interroger les battements, on aurait facilement deviné l'objet qui les provoquait; car sa rapide pensée, se transportant en mille endroits à la fois, se représentait Louise tantôt morte, tantôt expirant sous de viles brutalités, ou bien, luttant sans succès et épuisant ses généreuses forces; ou, seule et devenue folle de détresse, courant échevelée et sans but à travers un pays inhumain et tout à fait étranger aux émotions de la douce hospitalité.

L'infortuné n'exagérait pas la situation de sa malheureuse épouse. Elle était en effet telle que sa triste imagination se la retraçait. Toujours sous les mêmes verroux, toujours seule et privée des consolations d'une voix humaine qui même en la trompant, lui aurait dit du moins : espère! elle traînait la vie la plus languissante, exténuée par les privations qu'elle s'imposait et terrorifiée par l'accomplissement futur des menaces qu'elle avait lues dans la lettre de Mit-jhadi. Comme elle passait plusieurs fois dans le jour d'un anéantissement extrême aux accès de l'irritation la plus nerveuse, elle avait voulu souvent se précipiter par une étroite fenêtre, seule issue de délivrance offerte à son désespoir; mais toutes les fois qu'entraînée par une pensée tragique, elle s'approchait de la fatale ouverture pour se dérober par une chute inévitablement mortelle aux tourments d'une horrible persécution, un arbre agité par le vent dans le lointain, l'ombre la plus légère, un rien, prenait à ses yeux la forme et les traits de son libérateur, de son cher Joseph, et alors, immobile et renonçant aussitôt à son funeste projet, elle riait sans s'en apercevoir comme un enfant au retour de sa mère dont il a pleuré l'absence pendant quelques jours. Et puis, quand le mirage s'évanouissait, ou que ses yeux se fatiguaient à vouloir trouver de la mobilité à des objets immobiles, son rire cessait, ses yeux désabusés laissaient percer à travers leurs sombres prunelles le feu du désespoir, et pour se sauver d'elle-même et de ses idées de vertige, elle s'éloignait vite de cette fenêtre qui la conseillait si mal et retombait dans un heureux anéantissement qui au moins émoussait pendant quelques heures l'aiguillon de sa douleur.

Sa captivité durait depuis huit jours, et depuis huit jours qui lui semblaient des siècles écoulés, elle n'avait vu que Mit-jhadi dont le retour l'effrayait d'avance, et le vil dépositaire de son secret qui chaque matin venait lui apporter d'un air de compassion quelques aliments qu'il retrouvait intacts le lendemain; car comme nous l'avons déjà dit, Louise à l'aide d'un léger morceau de pain, soutenait son corps défaillant et rougissait encore dans sa noble fierté de devoir à son persécuteur ce faible secours qu'hélas! elle payait assez cher par ses larmes.

Ce huitième jour, comme éclairée par un pressentiment fatal, et prévoyant les tortures affreuses auxquelles elle allait bientôt être livrée, elle voulut du moins ne point laisser sa mort sans vengeance, et comme pour s'apprendre à mourir avec plus de courage et moins de désespoir, elle voulut laisser dans le lieu de son supplice un monument de ses souffrances avec le nom infâme de son bourreau. Alors, se dit-elle, si mes tristes yeux doivent se fermer pour toujours ici, comme les Français et mon époux peut-être, y passeront un jour, maîtres du sol qui produit tant de monstres, en voyant mon nom et celui de mon assassin, ils chercheront l'infâme, l'atteindront sans doute, et lui feront subir un tourment semblable au mien, si toutefois il en existe.

Alors, saisissant d'une main convulsive le couteau dont elle se servait à son modeste repas, elle traça en profonds caractères sur la muraille de sa chambre ces paroles que lui arrachèrent son indignation et sa souffrance :

« Devenue la prisonnière du cruel Mit-jhadi,
« je suis morte en ce lieu à la suite de ses
« horribles persécutions. Français, et toi,
« mon époux, vengez l'infortunée Louise. »

Aprés avoir ainsi légué aux siens le soin de sa vengeance et avoir imprimé sur le mur de sa prison le testament que lui dictait son cœur ulcéré, elle sentit son courage grandir et se crut capable de supporter avec moins de frayeur l'arrivée de Mit-jhadi. Le cruel approchait. Retenu au milieu des troupes arabes par les fonctions que lui imposait son grade, il n'avait pas trouvé le moment de revenir plustôt tourmenter sa victime; mais il avait profité avec une joie barbare d'un moment de tranquillité dans son camp, pour venir auprès de Louise indemniser sa criminelle passion du retard qu'il avait mis à la satisfaire.

Arrivé à la porte de la maison où était retenue sa prisonnière, il demanda des comptes minutieux au vil geôlier qu'il avait nommé son gardien. Après avoir reçu de sa bouche tous les détails qu'il désirait connaître, il monta sans être ému par le plus léger sentiment de pitié les degrés qui le séparaient de sa victime, et ouvrant la porte sans ménagement et avec un fracas qui était une lâche ironie jetée à l'infortunée, il entra avec le maintien d'un homme qui ne se respecte pas lui-même, et sans adresser à Louise ce froid salut d'usage que le maître doit au valet, et dont au moins était digne la beauté martyre qu'il allait outrager.

Il ne faut point s'étonner d'une pareille conduite. Cet arabe n'était même pas respecté par les siens; ses soldats au lieu d'être ses enfants, car il aurait dû en être le père, n'étaient autour de lui qu'un troupeau d'esclaves pusillanimes qui redoutaient en lui tout jusqu'à son sourire qui était toujours trompeur et ne servait sur sa bouche qu'à déguiser le fiel qui en sortait à chaque instant. Dévoré par l'ardente soif des honneurs et aspirant follement et sans droit au grade suprême dans l'armée, il rendait ses subordonnés victimes de ses déceptions. A ce tableau moral qui déjà déshonore celui qui en est l'objet, joignez un visage repoussant, des yeux creux et louches, un front couvert d'une chevelure roussâtre, une bouche large, à grosses lèvres, et traçant dans l'expression qu'elle rend tous les vices à la fois et avec ce cadre très imparfait encore vous aurez une faible idée de Mit-jhadi.

Une fois arrivé dans la chambre de Louise, il s'approche d'elle d'un pas qui exprime le dédain et l'indifférence : en un mot, déguisant la honteuse flamme qui le dévore, il veut plutôt faire croire qu'il est venu pour offrir un spectacle à sa propre curiosité que pour entreprendre une victoire à laquelle il attache pourtant le plus grand prix. A son aspect, Louise qui pourtant s'était armée d'avance de courage et de résignation, se sentit comme glacée d'effroi : son sang s'arrêta un instant dans ses veines, une pâleur mortelle décolora son beau visage, et ses genoux chancelants se dérobèrent sous les plis de sa robe; mais au bout de quelques instants, son premier courage s'infiltra pour ainsi dire dans toutes ses veines, elle redevint forte, et implorant dans son cœur ce Dieu qui ne ferme jamais les yeux sur l'innocence, elle se prépara tranquillement à l'assaut terrible que lui présageait l'œil étincelant et terrible de Mit-jhadi.

Eh! bien, lui dit l'arabe, faisant des efforts incroyables pour affecter une tranquillité qui n'était pas en lui, eh! bien, qu'a résolu dans son conseil secret notre prisonnière rebelle? est-elle toujours décidée à dédaigner mes brillantes promesses et à braver mon courroux? a-t-elle bien compris tout ce qu'elle perd par ses refus et les calamités de tout genre qu'elle assume sur sa tête, si faisant la prude et la dédaigneuse fort mal à propos, elle persiste dans ses rigueurs. Ma foi, le peu d'intérêt qu'elle m'inspire fait que je lui donne l'avis salutaire de céder enfin à ma prière. Qu'elle s'amollisse, qu'elle se rende à moi. C'est la prudence qui parle par ma bouche, surtout qu'elle n'aille pas croire que je m'abaisserai à quelque violence pour obtenir d'elle ce que partout on vient chaque jour m'offrir à genoux sans que je le demande. En vérité ce serait payer trop cher un plaisir dont le charme et l'honneur rejaillirait moins sur moi que sur la personne qui m'en ferait l'hommage. Eh! bien, on reste muette et on ne se donne pas même la peine de refuser. Voyons, attendons quelques minutes encore l'effet tardif de mes paroles.

En entendant cet infâme discours, Louise, en apparence calme et tranquille, avait senti en elle un bouleversement général, et, placée comme l'hirondelle sous les griffes du vautour, elle attendait avec une horreur intime l'issue de cette affreuse entrevue.

Mit-jhadi, qui dans son orgueil croyait toujours sa victoire certaine, et n'attribuait les refus et le silence de sa captive qu'à sa timidité ou aux luttes calculées d'une fausse pudeur qui aime à se livrer sans avoir l'air de se rendre, prit un ton et des manières qu'il crut plus persuasifs, et, otant d'un superbe écrin une parure éblouissante, il la déploya sans étalage et comme habitué à prodiguer de semblables largesses; et faisant jaillir le feu des diamants dans les yeux de Louise dont l'éclat huit jours avant était plus naturel et aussi beau, il lui dit d'un ton doucereux : Tiens, idole de mon cœur ; reçois ce faible et premier gage de mon amour.

A ce mot : *tiens*, mot aussi dégradant que l'offre ignominieuse qu'on venait de lui faire,

Louise, ne prenant conseil que son indignation, fut sur le point d'éclater, mais pour n'avoir rien à se reprocher, elle endura encore cette honte, et se contenta de jeter sur ces bijoux un regard dont tout autre que Mit-jbadi aurait facilement deviné l'expression. Celui-ci croyant que ce silence était le dernier effort d'une vertu chancelante, lui présenta de nouveau ces bijoux et pressant légèrement sa taille comme pour l'attirer vers lui, il la pressa d'accepter ce présent.

Au contact de Mit-jbadi, Louise se regarda comme souillée et se débarrassant par un mouvement brusque du bras qui déjà entourait son corsage, elle recula comme d'horreur.

Cette fois-ci, l'arabe comprit tout le dédain qu'il inspirait, et, honteux de ses vaines avances, il se mit à marcher dans la chambre d'un ton impatient et dit à sa captive qu'il lui accordait pour dernière faveur quelques minutes de réflexion; Louise détourna la vue pour ne pas voir la face hideuse de ce monstre, et implorant Dieu tout bas, elle le supplia de la faire mourir ou de produire un miracle pour qu'elle sortît victorieuse du danger imminent où elle se trouvait engagée.

Mit-jhadi dont l'impatience croissait d'instants en instants et dont l'orgueil blessé s'était converti en fureur, irrité d'une obstination si prolongée, poussa enfin un cri épouvantable et dit d'une voix qui fit résonner le plafond de la chambre : eh bien ! malheureuse! tu veux donc me braver toujours? tu veux donc mourir ? Parle... parle... te dis-je, ou Mit-jhadi va être pour toi plus terrible que l'enfer dont on parle dans ta nation.

Louise, le croirait-on ? ne répondit à cette exécrable menace qu'en joignant les mains et en élevant les yeux au ciel. Alors hors de lui-même, semblable à une furie, l'arabe médite le dessein le plus affreux et veut l'exécuter aussitôt. D'une voix de tonnerre, il appelle le vil esclave qui lui servait de geôlier et lui dit d'un ton résolu : Approche et arrache au plus vite tous ses vêtements à cette femme qui ose me résister depuis si longtemps.

Cet excès de barbarie rend Louise suppliante. Elle tombe à genoux, cherche à embrasser les pieds de son bourreau et lui adresse une prière qui aurait calmé le cœur le plus insensible. Monsieur, dit-elle, au nom de l'humanité, choisissez pour moi un autre supplice, préparez moi les tourments les plus horribles, faites déchirer mon corps, ordonnez qu'on le mette en lambeaux, inventez des tortures, tuez-moi, enfin, oui, tuez moi, de grâce; mais respectez votre victime en l'immolant à votre fureur. Innocente quand je suis arrivée dans ce lieu, si je me suis rendue bien coupable en dédaignant vos offres ou en bravant votre courroux, je m'abandonne à vous, je vous fais le sacrifice de ma vie; mais que votre cruauté généreuse me l'arrache au moins sans me ravir l'honneur. Vous êtes attendri, n'est-ce pas, et vous allez mettre fin à mes tristes jours.

— Je vais mettre fin à tes bravades, dit Mit.

jhadi toujours en fureur. Allons, plus d'infructueux essais sur un cœur de marbre. Esclave, fais ton devoir et exécute l'ordre irrévocable que je viens de te donner.

L'esclave s'approche, saisit de ses mains infâmes la victime qui s'évanouit, et sans égard pour cette pudeur sacrée à qui les peuples barbares dressaient autrefois des autels et pour cette beauté mourante sur qui une pareille dégradation répand la livide pâleur de la mort, il la réduit à l'état absolu de nudité.

Profanation! quoi! les cieux ne s'entrouvrent point pour lancer leur foudre vengeresse sur ces têtes coupables? Ils veulent donc laisser impuni ce crime qui surpasse en horreur tous les autres crimes? Oh! non, tôt ou tard leur vengeance éclatera, vengeance toujours trop douce pour un tel forfait.

Je suis content de toi, dit Mit-jhadi à l'esclave; maintenant retire-toi et laisse-moi seul.

L'esclave obéit; alors sur les lèvres odieuses du chef arabe vient siéger un rire infernal. L'horrible ardeur qui le dévorait se peignit sur son visage. Le monstre enfin en bondit de joie. Il s'approcha de l'objet de sa profanation et contemplant avec avidité ce corps sans mouvement dont l'attitude et la situation, en lui rappelant sa cruauté, aurait dû éteindre en lui tout le feu de sa concupiscence, il ne pouvait pas en repaître assez ses yeux. La voilà donc, disait-il avec ironie, cette femme arrogante qui croyait que ses faibles charmes lui serviraient de talisman contre ma juste fureur ; mais je dois l'avouer puisqu'elle ne peut m'entendre, qu'elle est belle encore dans le désordre où je l'ai plongée. Oh! pourquoi donc m'a-t-elle si longtemps résisté? Pourquoi ne s'est-elle point rendue aux baisers et aux honneurs que je lui promettais. Elle aurait effacé dans mon cœur le souvenir de toutes mes autres maîtresses, et fier de sa conquête, j'aurais savouré tranquillement et avec délices des voluptés où viendraient maintenant se mêler le dégoût et l'horreur, si je tentais de me les procurer en ce moment. Mit-jhadi ! qu'as-tu fait, et d'où te vient tant de cruauté ? Approchons vite nos lèvres des siennes pour y dérober un baiser dont au moins je veux avoir la gloire : Plaçons notre main sur son cœur dont les battements m'auraient peut-être fait mourir de joie, si j'avais eu l'orgueil de les provoquer, et assez vengé de ma honte et de ma défaite par cet heureux larcin, rendons leur voile pudique à des appas dont je ne suis point digne.

Le cruel dont la fureur allait bientôt renaître n'était atteint que d'un remords passager dont les plus grands scélérats sont susceptibles eux-mêmes. Aussi ne cherchons pas à diminuer la juste horreur qu'il doit nous inspirer.

Mit-jhadi qui toujours consumé du même feu, aurait sacrifié la plus belle conquête pour le baiser furtif qu'il allait dérober, s'avança vers sa victime dont l'aspect le faisait tressaillir, et se penchant sur elle, il osa approcher ses lèvres viles de ses lèvres pures et décolorées; mais, par une permission du ciel, cette nouvelle profanation porta bonheur à l'infortunée Louise, car elle eut à peine senti l'haleine infecte et brûlante de l'arabe, que secouant pour ainsi dire les liens de la mort qui l'enchaînaient, elle ouvrit les yeux, reconnut Mit-jhadi, se rappela son odieuse barbarie et prenant tout à coup une attitude qui le confond et l'anéantit : Lâche, lui dit-elle, l'incomparable affront que vous venez de me faire subir doit tuer une faible femme ou grandir son courage et son énergie; moi je me sens plus forte, et dans l'avilissement où je me trouve, je suis moins hideuse que vous, car votre crime se dessine sur votre visage avec des traits qui me font reculer d'effroi plus que vos menaces. Depouillée ainsi que moi de son enveloppe, votre âme noire paraît à nu sur votre bouche où je la vois telle qu'elle est, c'est-à-dire horrible et hideuse de tous les forfaits auxquels elle a participé. Soyez maudit à jamais; mais rendez-moi vite mes vêtements, non pas pour que j'épargne un scandale à vos yeux qui ne se baisseraient pas sans doute devant les tableaux les plus abjects, mais par respect pour Dieu qui me voit. Obéissez, je vous l'ordonne, ou ce Dieu que vous ne connaissez pas va vous exterminer de sa foudre.

Louise prononça ces paroles avec un accent si inspiré et une énergie si vraie, que Mit-jhadi recula devant elle sans pouvoir se rendre compte du pouvoir magique qu'elle venait d'exercer sur lui, et docile comme un faible enfant, lui tendit ses vêtements dont-elle s'empressa de se couvrir.

Cette faible victoire qu'elle venait de remporter ne fut point capable de la rassurer. Déjà elle connaissait trop bien le caractère incorrigible et dépravé de son persécuteur, et savait que cette espèce d'obéissance passive dont il venait de faire preuve, n'était que le stérile effet d'une émotion commandée par la circonstance. Le regardant comme incapable d'une pensée généreuse ou d'un juste retour sur lui-même, elle désespérait de recouvrer sa liberté sans être parjure á l'honneur, aussi elle désirait la mort qui du moins la délivrerait de toutes ses infortunes.

Vous n'avez donc pas pitié de moi, dit-elle à Mit-jhadi, et cette douce mort que je vous demande à genoux, cette mort qui ne vous coûtera que le courage de me la donner; vous me la refusez. Oh! de grâce, accordez-moi ce bienfait; c'est ma seule ressource aujourd'hui, c'est mon seul bien, laissez-vous fléchir et je vous promets de faire en expirant tous mes efforts pour ne pas vous maudire.

Mit-jhadi ne répondit rien à ce discours. Comme interdit et désarmé par la noblesse et la grandeur d'âme de cette femme, il marchait dans la chambre d'un pas irrégulier, et livré aux combats de sa passion et de sa conscience, il voulait, tantôt persister dans son projet, tantôt mettre en liberté son innocente victime; mais au milieu de cette indécision, son caractère farouche et dénaturé venait promptement prendre le dessus, et son orgueil et son amour outragés lui dictaient de nouvelles persécutions.

Revenu à son premier transport, il lança sur elle un de ces regards qui glacent d'épouvante, et se retira en faisant un geste plein de colère et de menace

Louise retomba de nouveau dans un profond anéantissement, et son corps fatigué par tant d'épreuves, l'emportant enfin sur son âme, elle n'eut plus même la force de se tenir debout. Alors ayant perdu toute espérance et renonçant entièrement au bonheur de revoir son époux, elle appela la mort de tous ses vœux et l'attendit avec ce calme ferme et décidé qui est le partage d'une personne dégoûtée de la vie. Mais elle ne devait pas mourir ainsi et une résignation aussi noble devait avoir une autre récompense que l'horrible trépas qu'elle implorait.

Mit-jhadi sans renoncer à ses projets avait été obligé de s'éloigner de celle qui chaque jour allumait de plus en plus sa passion par sa généreuse résistance. Il devait ses soins à l'armée des Arabes et ne pouvait s'absenter que pendant les suspensions d'hostilités qui arrivaient toujours après une lutte accomplie. Cette fois-ci, les troupes qui étaient sous ses ordres devant se rencontrer avec les Français, il fut obligé de faire face à la provocation. Comme toujours, le combat fut opiniâtre ; mais bientôt le Français fut victorieux et prouva à l'ennemi qu'il est presque toujours dangereux de l'attaquer. Joseph, comme par le passé, déploya un beau courage et fut un de ceux qui coopérèrent le plus puissamment au succès de cette journée.

Pour se dédommager d'un revers auquel toutefois il avait été fort peu sensible, étant sans cesse occupé de sa belle captive, Mitjhadi prit le chemin qui conduisait à la maison où il l'avait confinée et résolut d'employer cette fois les moyens les plus persuasifs pour réussir dans un projet dont l'accomplissement avait pour lui tant de prix.

Cependant Joseph était sans cesse préoccupé

de sa chère Louise et profitait de tous les instants qui lui appartenaient pour faire des recherches qui jusque là avaient été infructueuses; mais il devait enfin trouver le plus doux dédommagement à sa tristesse, et reconquérir un bien qu'il croyait ne plus devoir lui appartenir.

Dans le combat dernier avec les Arabes, tout l'avantage, comme nous l'avons dit, avait été pour les Français qui ce jour-là avaient fait un grand nombre de prisonniers. On sait que notre usage n'est jamais d'exercer des cruautés, pas même la plus légère injustice envers ceux que le sort d'une bataille met en notre pouvoir, et que nous sommes aussi modérés après la victoire que fougueux à la remporter. Or, ces prisonniers furent traités selon l'habitude avec tous les égards dus à leur position et on s'attacha moins à leur faire sentir les chaînes de la captivité qu'à se concilier leur confiance et à les exciter à s'enrôler sous les drapeaux Français. Une conduite aussi généreuse nous avait déjà

attaché bien des cœurs et avait occasioné de nombreuses défections parmi les Arabes qui profitaient avec empressement de cette circonstance pour se délivrer d'une trop pénible subordination ; car ils se plaignaient tous, du pouvoir despotique que leurs chefs exerçaient sur eux. Parmi ces derniers, le plus dédesté c'était Mit-jhadi. Il n'avait jamais su attirer l'attachement de ses soldats et les traitait commé de vils esclaves.

Parmi ces prisonniers dont nous venons de parler, se trouvait par hasard un de ceux qui formaient l'escorte de Mit-jhadi le jour où Louise devint sa prisonnière. Comme il avait bien des raisons personnelles pour proclamer hautement les injustices et les brutalités de ce chef intolérant, se trouvant mille fois plus heureux dans la captivité que chez les siens où les plus dures exactions l'accablaient chaque jour, il se répandit en invectives envers Mit-jhadi et parla entr'autres choses de l'enlèvement cruel dont il avait rendu victime une jeune Française sans defense qu'il persécutait depuis ce temps de la manière la plus inhumaine.

Cette histoire parvint aux oreilles de Joseph qui s'empressa de venir puiser auprès de l'Arabe de sûrs renseignements. Bientôt il n'eût plus de doute, et, d'après le signalement qu'on lui donna de son épouse, il acquit la plus ample certitude qu'elle devait exister encore et qu'elle était au pouvoir d'un barbare persécuteur. Il se fit tracer avec le plus grand soin le chemin qu'il fallait prendre pour arriver jusqu'à elle, se fit faire la description la plus minitieuse du réduit où elle était retenue captive, et courut en toute hâte demander à ses chefs la permission de courir la délivrer.

Ne perds pas un moment, lui dit son colonel: prends pour t'accompagner quelques camarades braves comme toi et qui voudront bien te servir dans une occasion aussi belle, et cours rendre la liberté à celle qui sans doute t'appelle à grands cris; et surtout, si tu dois avoir le malheur de ne plus la revoir, si, faible et sans défense, elle a perdu la vie sous les affreuses brutalités de son ravisseur, venge-la, venge-toi sur la tête de son bourreau. Du reste ton cœur te dictera la conduite que tu dois tenir.

Ivre de joie, Joseph prépara tout pour son exploration, attacha à sa suite ceux qui parmi ses amis lui témoignèrent le plus de dévoûment, et bien armé, bien fort de son amour, il prit avec empressement la route qu'on lui avait tracée.

Pendant que Joseph et ses compagnons couraient à la vengeance, l'infâme Mitjhadi, toujours brûlé par sa criminelle passion, torturait la malheureuse Louise. En arrivant auprès d'elle, il l'avait trouvée dans le plus profond accablement; mais insensible à la voix de l'humanité et sourd à toute prière, il n'avait devant les yeux qu'un but et voulait l'atteindre à tout prix. Comme il commençait à se fatiguer des refus obstinés de sa prisonnière et qu'il désespérait presque d'obtenir la possession de ses charmes, il employa pour y réussir tous les moyens que lui dicta sa rage. Il passait en un instant de l'emportement à la douceur, des plus fortes menaces aux plus séduisantes promesses, du despotisme d'un tyran à la soumission d'un esclave; mais tous ses moyens furent inutiles; Louise dont l'âme et le corps étaient exténués, avait même perdu jusqu'au sentiment de ses souffrances, et, ayant depuis quelques jours fermé son cœur au doux espoir de retrouver son époux, elle n'existait plus que d'une vie morte, et était désormais insensible à toute espèce d'impression.

Ce changement qui s'était opéré en elle et qui aurait arraché un mouvement de pitié à l'homme le plus insensible, ne diminua en rien la cruauté de Mit-jhadi. Las de supplier depuis longtemps, et ayant cette fois fort peu de temps à passer auprès de Louise, il voulait que ses efforts ne fussent pas vains comme les autres. Il s'approcha d'elle, la persécuta d'abord par son regard sombre et farouche et puis essaya de l'enlacer dans ses bras. Louise qui devina son intention, tressaillit en voyant le mouvement qu'il venait de faire, et comme ses forces lui revenaient toutes les fois que le danger devenait plus pressant, elle en puisa assez dans son âme affaiblie pour repousser son bourreau. Celui-ci revint à la charge, et Louise parvint de nouveau à se débarrasser de ses bras en poussant un cri qui eut sans doute plus de pouvoir que sa résistance.

Mit-jhadi furieux, fit quelques pas en arrière, garda un instant le silence et comprima autant qu'il le put sa rage pour assembler ses idées et réfléchir au moyen extrême qu'il devait prendre ; car il voulait en finir ce jour-là avec sa prisonnière et triompher de ses refus par tous les moyens qui lui sembleraient bons. Puis prenant une attitude terrible et capable de bouleverser une imagination moins malade que celle de Louise : Il est donc vrai que tu me résisteras toujours, femme impitoyable et plus cruelle que moi! Il est donc vrai que, te jouant de mon amour, tu te plais à attiser par tes refus un feu qui me dévore et que tu voudrais voir sans doute me consumer entièrement. Misérable! ta cruauté aura sa récompense; et dussé-je expirer dans les efforts que je ferai pour te punir, j'expirerai du moins tranquille; car je te verrai expirer avant moi. Ne t'abuse pas pourtant, et n'impute pas à mon impuissance les lenteurs que je mets à satisfaire mes désirs. Si je l'eusse voulu, de bon gré ou par violence j'aurais, tu le sais, triomphé de tes dédains: tu n'aurais été qu'un atôme dans mes mains terribles; mais, dédaignant une victoire achetée par des efforts indignes de moi, j'ai voulu essayer de te vaincre par l'honneur qu'il y avait pour toi de céder, en faveur de quelques charmes dont maintenant il ne te reste même pas les débris, pauvre femme! j'ai voulu descendre jusqu'à toi malgré toute l'horreur que m'inspire le nom français! et tu me résistes, et tu veux me vendre si cher le plaisir d'un moment que j'aurais dû goûter en te dédaignant ensuite.... Imprudente! si j'écoutais le mépris qu'aujourd'hui tu m'inspires, je t'éloignerais de ma présence et te jetterais comme une vile pâture à la passion d'un de mes vils esclaves auprès duquel tes premières plaintes seraient vaines, j'en suis sûr. Rends grâces à mon orgueil qui me parle encore pour toi! Remercie ce sentiment de grandeur qui m'empêche de laisser mon ouvrage incomplet, et apprends que cette indulgence dont je te gratifie et que tu es si loin de mériter, c'est la dernière fois qu'elle éclate pour toi.

Après une légère hésitation: Eh quoi, dit-il, tu ne romps pas même le silence et tes regards distraits et dirigés loin de moi, viennent encore insulter à la colère des miens. Oh! c'en est trop.

En terminant ces paroles, Mit-jhadi s'élance comme un furieux sur Louise. Celle-ci croit que sa dernière heure est arrivée. Elle se lève et animant son visage d'un sourire qui exprimait sa joie, elle se tient ferme, avance sa poitrine et dit avec l'accent le plus vrai : Merci! Mit-jhadi, merci! car vous allez me tuer sans doute. Oh! quel bonheur de fermer les yeux pour toujours et d'oublier ainsi toutes ses peines ; mais quoi ! vous n'avancez pas! qui peut donc arrêter si vite votre élan. De grâce, avancez et par mon trépas délivrez-vous d'une pauvre femme aussi malheureuse qu'étonnée d'avoir eu le mérite de vous rendre si cruel. Mit-jhadi ! je vous attends.

Un caractère si noble et si grand dans la plus profonde adversité, étonna l'Arabe. Il n'en était pas à sa première admiration intime pour Louise. Cette fois-ci il eut comme peur de tant de vertu et de résignation et cet ange incomparable fascina ses yeux et désarma son méchant cœur.

Alors tous les deux se turent. Louise détourna de nouveau ses regards et les attacha vers le ciel, et Mit-jhadi dont le corps et l'âme se trouvèrent liés par un pouvoir inconnu, resta immobile et comme pétrifié et put à peine jouir de l'exercice de la pensée tant il fut troublé de ce qu'il venait d'entendre.

Pendant qu'un silence absolu régnait dans la chambre où se trouvaient réunis Louise et Mit-jhadi, l'activité la plus brûlante régnait au-dehors ; car Joseph et ses compagnons qui avaient six lieues à traverser, précipitaient le pas, impatients d'arriver à l'endroit qu'on leur avait indiqué.

Chemin faisant, ils rencontrèrent quelques femmes Arabes que leur présence inattendue remplit d'effroi et qui essayèrent de prendre la fuite. Elles étaient accompagnées d'un seul homme qui aussi tremblant qu'elles, les imita et fit un mouvement rétrograde pour se soustraire à la poursuite de ceux qu'ils regardaient comme leurs ennemis les plus acharnés. Mais Joseph qui comme ses compagnons était occupé d'un tout autre soin que celui d'attaquer des personnes inoffensives, leur fit un geste si rassurant que la troupe fuyarde s'arrêta et sembla déposer toute espèce de crainte. Les vengeurs de Louise s'approchèrent et lui firent comprendre qu'ils étaient incapables de se livrer à la moindre pensée de ressentiment. L'Arabe était resté cinq ans en France. Il lui fut facile de comprendre le sens des paroles que lui adressa Joseph, et entièrement rassuré, il s'pprêta à continuer la route avec sa suite.

Déposez toute crainte, lui dit Joseph; plus généreux que vous, les Français ne savent point torturer de faibles femmes et leur faire subir les tourments les plus affreux. Depuis quelques jours la mienne est la proie d'un cruel persécuteur, de l'infâme Mit-jhadi qui la tient en son pouvoir si toutefois elle n'est pas déjà morte victime de ses violences. Si l'infortunée respire encore, nous allons pour la délivrer des maux qu'elle endure.

A ces mots, le compagnon des femmes Arabes dit avec vivacité : Que je suis heureux de pouvoir vous être utile en cette circonstance, en vous disant que vous êtes fort près du lieu où se désole la pauvre captive. Voyez-vous à droite cette habitation dont un arbre touffu domine le toit? Eh! bien, c'est là que vous trouverez votre épouse qui sera bien heureuse de vous revoir ; car je tiens de son geôlier que c'est son amour pour vous qui a attiré sur elle tant de colère de la part de Mit-jhadi et qu'elle doit tout ce qu'elle endure à sa fidélité à l'honneur et à sa vertu. Hâtez-vous, le temps presse, si l'on peut en juger par le cri effroyable que la pauvre femme a poussé, il y a une heure environ.

Joseph, qui aurait voulu écouter jusqu'au bout des détails qui tout en déchirant son cœur devaient intéresser vivement sa curiosité, ne se sentit pas la force d'attendre plus longtemps. Vous avez entendu, dit-il, mes chers compagnons. Oh! par pitié pour elle et pour ses malheurs, et par l'amitié que vous me témoignez en ce jour, je vous en supplie, suivez-moi vite, et, s'il en est temps encore, délivrons ma chère Louise. Elle a quelques titres à votre pitié; car, c'est une Française, c'est une femme enfin.

A ces mots Joseph se s'élance dans la plaine, et ses généreux compagnons rivalisent d'ardeur avec lui.

En ce moment suprême, moment terrible où la vengeance était sur le point d'éclater, Met-jhadi, après avoir employé tous les moyens pour triompher de Louise, usait du plus éloquent; car à genoux devant sa victime, il l'obsédait de prières et de protestations d'amour.

Joseph arrive enfin à la porte de la fatale maison. Le gardien qui, pendant l'absence de Mit-jhadi veillait à la porte de sa captive, dormait alors profondément, insensible à tout ce qui se passait à l'intérieur. Joseph le saisit violemment par le bras et le pistolet sur la poitrine, il le force à lui indiquer au plus vite l'endroit où se trouve Mit-jhadi. Silence! surtout, lui dit-il, ou tu meurs sur-le champ. Et, quelques moments après, il pénétrait dans la chambre où languissait sa pauvre Louise. Son bourreau toujours à genoux, finissait par se lasser de ses refus et s'apprêtait à recommencer ses violences. Joseph, veut avoir la gloire de pénétrer seul jusqu'à lui; car il est seul l'offensé et seul il veut goûter le fruit de la plus douce vengeance. Il se précipite sur Mit-jhadi qui plongé dans le plus grand étonnement en croit à peine ses yeux, et le sabre levé sur sa tête: Infâme! lui dit-il, j'ai enfin découvert ta retraite; Te voilà donc enfin tombé dans mes mains. Oh! ne crois pas m'échapper; elles sont plus terribles que les tiennes, car elles sont armées par le droit et par l'amour. Mit-jhadi fait un mouvement pour se relever. Reste à genoux, reprit Joseph, dont l'exaltation était arrivée à son comble: Cette posture convient à ton crime. Qu'as-tu donc fait de ma Louise? Ce n'est pas elle que je vois. Cette femme est trop décharnée, trop souffrante, pour être celle qui naguère était si belle. Barbare! trop lâche pour te mesurer avec un homme, tu en viens aux mains avec une faible créature, dont l'innocence, la prière et les larmes ne peuvent pas toucher ton cœur impitoyable. Oh! si je n'écoutais que ma juste indignation, je mettrais en ce moment, un terme à ton abominable vie; mais je ne souillerai pas mes mains de ton sang impur; et tout coupable que tu parais à mes yeux, je ne veux point t'assassiner, car tu es sans armes et sans défense; mais la vie que je te laisse te coûtera cher. Je veux te la vendre au prix de ton honneur, si l'ombre de ce sentiment qui est le partage des belles âmes, a toutefois existé jamais en toi. Tiens, voilà l'instrument de ta honte. Signe-moi sur ce papier, que Mit-jhadi, à genoux m'a demandé la vie et le pardon de son crime. N'hésite pas un seul moment ou ma fureur éclate.

Dans le premier mouvement de son imagination, Joseph tout à la vengeance ne s'était point occupé de Louise pour laquelle il n'existait plus aucun danger. Pendant que Mit-jhadi, tout tremblant, accomplissait l'ordre de Joseph, celui-ci s'approcha de sa Louise qui revenait enfin de l'évanouissement où l'avait plongée l'arrivée de son époux; car elle l'avait pris pour le vil geôlier qui la gardait. En reconnaissant celui qu'elle croyait avoir perdu pour toujours, elle ne put point se rendre maîtresse de sa joie. Elle n'eut que le temps de prononcer ces paroles : Ah ! je suis sauvée et elle tomba dans le délire du bonheur, plus accablant, peut-être, que celui de l'infortune.

Dans cet embarras extrême, Joseph qui a besoin d'un prompt secours, appelle deux de ses compagnons et leur remet le précieux dépôt de sa Louise évanouie; puis recevant de la main de Mit-jhadi qu'accablent la frayeur et la honte, le papier où sont tracées les lignes qu'il a dictées lui-même, il lui dit d'une voix comprimée par la rage : Ce n'est pas tout encore, et tu serais trop heureux, si ton châtiment se bornait là. Sans doute, il n'en existe point d'assez grand pour égaler ton crime, il faudrait avoir le cœur d'un arabe, posséder le tien, pour inventer un supplice proportionné à ton forfait; mais je veux que tu te rappelles longtemps celui que tu as fait tant souffrir, et que tu as si cruellement outragé. Et en ce moment, s'approchant du monstre dont le regard suppliant fait un affreux contraste avec la férocité de ses traits, il le dépouille d'une main vigoureuse de tous les insignes de son grade, et les foulant aux pieds : Tiens, dit-il, meurs de honte, Miljhadi, s'il te reste encore un peu d'âme; mais je me rétracte; un homme de ton espèce l'a trop vile pour qu'elle puisse être émue par un sentiment qui serait encore honorable. Va, je te hais et te méprise, toi, et tous les tiens dans ta personne, car vous êtes tous des scélérats, des profanateurs. Allons, relève-toi, et suis-nous. Avant tout, que ton front vil, que la moindre pudeur n'a jamais fait rougir, se débarrasse de son turban; car tu dois marcher le chef découvert devant des Français. De plus, laisse ici ta chaussure, tu marcheras pieds nus jusqu'au tribunal où la justice t'attend pour te juger.

Jusqu'ici, Mit-jhadi avait gardé le silence le plus absolu. Accablé de honte, inquiet pour le présent, tremblant pour l'avenir, il sentait son supplice commencer. Alors, cédant à une inspiration qui ne prend sa source que dans les âmes viles, et se sentant incapable de soutenir avec quelque énergie le poids de son crime et du châtiment qu'il savait mériter, ô honte! il fit un mouvement pour tomber aux pieds de Joseph. Lâche, lui dit ce dernier, je ne t'ai donc pas assez déshonoré, et tu veux toi-même ajouter à ton déshonneur. Non, non; ne tombe pas à genoux; car ce n'est point le repentir, mais la frayeur qui t'inspire. A ces mots, par un mouvement brusque il le fait sortir de la chambre et apprête tout pour son retour au camp français. Dans sa colère, il épargna l'esclave qui n'avait été que l'instrument passif des ordres cruels de son maître et le laissa libre avec d'autant plus de satisfaction, que sans y penser il devait lui procurer bientôt un commencement de vengeance, en instruisant les siens de l'arrestation d'un de leurs chefs. Mitjhadi, sans opposer la moindre résistance, sans oser même lever les yeux, suivit à leur gré Joseph et ses compagnons. Quant à Louise, revenue à elle-même, et comprenant toute l'étendue de son bonheur, elle retrouva assez de force pour marcher. Joseph continuellement à ses côtés, la soutenait d'un bras vigoureux, et l'aurait volontiers portée dans ses bras; mais elle ne voulut jamais y consentir. Pendant le trajet, elle lui fit une courte analyse des tourments qu'elle avait soufferts, et se hâta de lui apprendre que son amour et le ciel l'avaient préservée de toute souillure flétrissante. J'ai bien gémi, mon Joseph, lui disait-elle : plus d'une fois je me suis vue sur le point de succomber aux brutalités de Metjhadi, mais ton souvenir, ta présence, car je te voyais sans cesse devant moi, m'ont servi de bouclier contre ses agressions, et je suis sortie, grâce au ciel, victorieuse d'une lutte dans laquelle je succombais sans toi. Joseph attendri jusqu'aux larmes, la pressa dans ses bras, et dans cette étreinte, se sentit aussi heureux que le jour où il reçut d'elle le premier baiser.

Mais admirons l'effet d'un bon cœur. Louise, chemin faisant, voyait sans le vouloir, Mit-jhadi accablé sous le poids de sa honte, et les yeux attachés sur la terre. A ce tableau, un mouvement de pitié surgit dans son âme, et oubliant toutes ses souffrances et la cruauté de celui qui l'avait si horriblement torturée, elle implora sa grâce auprès de Joseph dont elle connaissait l'âme sensible. Joseph, dit-elle avec cette douceur qui avait été sa sauve-garde dans sa captivité, tu vas me blâmer, peut-être, mais je plains Mit-jhadi! regarde sa tristesse et le désespoir qui règne sur son visage. Il m'a fait bien du mal sans doute : il a été bien cruel, bien impitoyable, il m'a coûté bien des larmes et des regrets, mais il est bien malheureux aussi. Oh! permets-moi de demander sa grâce! si tu le veux, je joindrai mes prières aux tiennes, et si j'en crois l'estime et la confiance que tu as acquises auprès de tes chefs, nos efforts ne seront pas impuissants pour le faire rendre à la liberté.

Joseph ne répondit rien à cette honorable et généreuse proposition, mais, en secret, il admira la conduite de Louise et se promit de l'imiter. Ils s'aimaient tant, qu'unis l'un à l'autre, ils oubliaient toutes leurs peines et tous leurs ennuis ; et d'ailleurs ils étaient nés tous deux avec un bon naturel et l'oubli d'une offense était pour eux une chose très facile à mettre en pratique.

A force de marcher, ils touchaient presque à leur destination, lorsque Mit-jhadi plutôt accablé par ses idées que par la fatigue qu'il avait prise en marchant, s'arrêta tout à coup, sentit ses genoux chanceler et tomba à la renverse. Aussitôt, Joseph commanda une petite halte et s'empressa le premier de le secourir, car il ne confondait pas le juste ressentiment qui devait l'animer contre le chef arabe avec cette juste pitié qu'on doit avoir du malheureux. Lorsqu'il le sentit calmé et plus capable de se remettre en marche, il le releva avec ménagement et lui fit voir malgré lui les bonnes dispositions dont il était animé pour sa personne.

Joseph et sa suite arrivèrent enfin au milieu de leurs camarades chez qui la présence de Mit-jhadi produisit un effet extraordinaire ; mais ce qui toucha le plus l'attention générale, ce fut Louise, dont le retour était inespéré. On l'entoura, on l'accabla de félicitations, et Joseph à son tour, reçut les marques de la plus vive sympathie. Quant à ceux qui l'avaient accompagné et secondé dans ses recherches, ils reçurent de tous, les éloges dûs à leur dévouement. Mit-jhadi, à qui l'on n'adressa pas la moindre injure, fut gardé à vue dans un endroit commode et digne du rang qu'il occupait. Joseph et Louise passèrent le reste de la journée au milieu d'une petite fête dont ils furent le plus bel ornement et que leurs camarades avaient improvisée pour les féliciter tous deux de leur bonheur inattendu.

Le lendemain, un conseil s'assembla pour décider du sort de Mit-jhadi. Les preuves contre lui furent si accablantes qu'il n'essaya pas même de se disculper, et qu'il attendit sans mot dire la sentence qu'on devait prononcer contre lui. Au récit des persécutions dont Louise avait été victime en si peu de temps, et que malgré son bon cœur, elle fut obligée de déclarer devant la loi, tout le monde éprouva la plus vive indignation, et fut d'autant plus révolté d'une pareille barbarie, qu'elle s'était exercée sur une faible femme au mépris de son impuissance à se défendre; mais Joseph, pour complaire à Louise sut adoucir en peu de mots l'auditoire.

Messieurs, dit-il d'une voix calme qui étonna d'autant plus l'assemblée qu'elle s'attendait à le voir déployer la plus vive exaspération, Mit-jhadi est bien coupable sans doute, et si l'on n'écoutait que la justice, le châtiment le plus sévère devrait lui être infligé. Il a oublié tout sentiment humain, s'est arrogé envers ma malheureuse épouse un droit de tyrannie, qui chez les peuples les plus barbares trouve une loi pour les punir, en un mot, ce qu'il a commis est un forfait ; mais plus le coupable qui est devant vous est indigne de votre indulgence, plus il sera beau pour vous d'en user envers lui. Nous venons pour ainsi dire civiliser un peuple sauvage et le familiariser à nos douces mœurs : nous sommes venus nous établir en ces lieux, moins pour obéir à un esprit envahisseur, que pour donner à ce pays la forme et la tournure du nôtre ; montrons, en oubliant la moitié des torts de Mit-jhadi, que nous laissons des traces honorables partout où nous passons, que les pensées humanitaires sont la base principale de notre édifice moral, et que notre plus forte ambition c'est de nous faire des imitateurs par de bons et généreux exemples.

Le discours de Joseph prononcé avec chaleur et conviction, diminua l'horreur qu'avait d'abord inspiré Mit-jhadi, et tout en reconnaissant l'énormité de son crime, on se sentit attiré vers lui par un sentiment de compassion qui fut visible à ses propres yeux. On demanda à Louise si elle avait encore quelques faits à articuler. Alors elle se leva, et, pour achever l'ouvrage de son époux, elle employa toutes les ressources de son bon cœur et l'éloquence simple mais persuasive dont elle était douée. Elle finit en ces termes :

« Messieurs, ce serait outrager froidement la loi et ceux qui en sont les nobles organes, que de vouloir jeter un voile trop favorable sur la conduite de celui que vous êtes appelés à juger. Nul ne pourrait apprécier mieux que moi, toute l'étendue de sa culpabilité, et y proportionner le châtiment avec plus de raison. Aussi, je ne viens pas dans cet auguste lieu pour rectifier vos idées sur lui, et vous disposer malgré vous-même en sa faveur ; mais si mon malheur vous touche, st les tourments que j'ai endurés peuvent éveiller votre intérêt, de grâce, que cette bienveillance dont vous êtes peut-être disposés à m'honorer rejaillisse faiblement sur celui qui en est si indigne. Plus l'offense est grande, plus le pardon a du prix, et vous le savez, la loi malgré sa grave sévérité, malgré ce caractère inflexible dont elle se pare pour inspirer aux cœurs pervers une frayeur salutaire des peines dont elle les menace, la loi, dit-je, aime aussi à se montrer parfois clémente pour que nous ne la regardions pas toujours comme un objet d'épouvante, mais comme une digue utile, placée entre l'homme et ses passions. Si malgré toute la satisfaction que j'éprouverais de vous voir partager mes sentiments, vous regardez Mit jhadi indigne de toute pitié, s'il ne paraît à vos yeux qu'un monstre dont il faudrait purger le pays que nous habitons, je respecterai votre juste inflexibilité, mais alors je vous prierai d'abaisser un regard compatissant sur son épouse et ses enfants. L'une, innocente ainsi que moi, mais malheureuse sans doute de l'arrestation de son époux, est plongée si j'en juge par moi-même, dans le désespoir le plus affreux. Les autres, je parle de ses petits enfants, sentiront quoique fort jeunes encore combien il est cruel d'être privé d'un père, et punis d'un crime auquel ils n'ont point participé, ils seront voués à d'éternelles infortunes, parce qu'ils portent le nom de Mit-jhadi. Oh ! messieurs, laissez entrer la pitié dans vos cœurs, et montrez aux arabes qui si nous savons les vaincre dans les combats, nous les surpassons aussi par la connaissance et la pratique de la vertu. »

Après ce discours qui produisit une vive sensation, Louise se tut et chercha à lire dans les yeux des juges les intentions qui les animaient envers Mit-jhadi. Celui-ci n'avait fait que répondre aux questions qu'on lui avait adressées, et constamment la tête baissée, était resté dans l'attitude d'un homme qui n'attend aucune indulgence de la part de ses juges. Ces derniers délibérèrent pendant quelque temps, et soit qu'ils fussent portés naturellement à la clémence, soit qu'ils voulussent obtempérer aux vœux de Joseph et de Louise, ils arrêtèrent que le chef arabe deviendrait libre par la restitution que les siens feraient de quelques prisonniers français qu'ils avaient en leurs mains. Quand cette douce sentence eut été prononcée, le président termina la séance en ces termes : « Vous voyez, Mit-jhadi, la réserve avec laquelle on vous traite. Vous êtes sans doute, trop juste envers vous-même, pour avoir osé espérer une pareille indulgence : soyez-nous reconnaissant en nous combattant les armes à la main avec la franchise d'un ennemi loyal; et si dans la suite vous retenez quelques français sous votre joug, qu'ils n'aient qu'à vous reprocher d'avoir été plus heureux qu'eux-mêmes dans la bataille. Voilà par quels exploits on se fait admirer même de ceux dont on triomphe; voilà comment on se montre digne de lutter avec une nation telle que la nôtre; mais point d'exactions déshonorantes, point d'atroces perfidies que défendent partout les lois de la guerre et surtout point de cruautés envers de faibles femmes, car, rappelez-vous-le bien, il vaudrait mieux pour vous tous, perdre tout à fait le nom d'arabe dans l'histoire et être les éternels esclaves de la France ou d'une autre nation que de vous faire nommer des barbares dont les âmes n'auraient jamais été éclairées par les rayons de l'humanité et le flambeau du progrès. Dans le premier cas, on ne fait que perdre sa liberté, et tous les peuples y sont sujets; dans le second, on est comme rayé du monde, et le jugement des hommes vous place dans la catégorie des bêtes féroces.

Ainsi se termina une séance où la clémence de tous venait de jouer un si beau rôle. Joseph et Louise qui n'eurent pas à se reprocher d'avoir fait quoique justement le malheur d'un homme, ne craignirent pas d'avoir sur leur conscience ou dans leur esprit un souvenir qui put venir porter la plus légère atteinte à leur bonheur. Délivrés alors de toute espèce de préoccupation et du poids de la vengeance qui pèse tant sur des cœurs sensibles même quand elle est légitime, ils purent se dédommager par des journées entières de bonheur des maux cruels que leur séparation leur avait fait endurer.

Mit-jhadi, rendu libre, retourna vers les siens où son talent et son expérience dans l'art de la guerre lui firent restituer son grade; mais, le croirait-on? sa délivrance dont il était si indigne et qui aurait dû lui inspirer sinon de la reconnaissance du moins quelque estime pour le nom français, ne lui inspira que de l'horreur. Se rappelant les refus de Louise, et surtout le mépris que Joseph avait fait de sa personne dans leur première entrevue, il frémissait de rage et appelait de tout son cœur une prompte vengeance. Il savait ne pouvoir le rencontrer que dans un combat, mais comme il avait retenu parfaitement ses traits, il s'était promis de tout employer pour l'atteindre et noyer dans son sang l'injure qu'il croyait en avoir reçue.

L'occasion de la rencontre se présenta plus vite qu'il ne l'aurait espéré. Un mois après ce qui vient de se passer, les Arabes occupaient une position assez importante dont les troupes françaises voulaient jouir. Après trois sommations qui furent méprisées, le signal du combat fut donné et la lutte s'engagea. Il y eut opiniâtreté et courage de part et d'autre et pendant quelque temps les avantages furent balancés. Joseph dont le courage ne se démentait jamais, se battait avec une ardeur incroyable, et loin d'imiter Mit-jhadi dont la seule vengeance armait le cœur et le bras, il n'avait en vue que la gloire et l'honneur de son drapeau. Comme de part et d'autre les troupes étaient en petit nombre, il n'était pas impossible que Mit-jhadi pût reconnaître celui dont il avait juré la perte, d'autant plus que, toujours emporté par sa fougueuse ardeur, Joseph sortait des rangs à la première occasion où l'utilité s'en faisait sentir. Or, il arriva que son capitaine d'une valeur reconnue, s'emporta un peu en avant dans l'intention d'ajouter un laurier de plus à ceux qu'il avait déjà cueillis. Joseph, voyant le danger auquel il s'expose, est un des premiers à le suivre. Mit-jhadi dont l'œil était toujours fixé sur les lignes françaises pour tâcher d'y découvrir l'objet de sa haine, l'aperçoit isolé des siens. Aussitôt profitant de l'avantage qu'il avait sur lui, car il était monté sur un superbe cheval, il s'avance sur lui avec l'impétuosité de la foudre. Joseph l'a aussi reconnu, et a peut-être deviné son intention. S'il est courageux, il n'est point téméraire; il feint de revenir dans les rangs et veut trouver une occasion plus belle pour attaquer son champion. Mit-jhadi, déçu de son espoir, fond sur le capitaine pour ne pas avoir fait un pas inutile. Joseph se précipite alors sur lui, perce à bout portant la tête du cheval, démonte le cavalier, et sans lui donner le temps de se relever, lui traverse la poitrine d'un coup de pointe de sabre. Mit-jhadi expire en frémissant de douleur et de rage, et subit ainsi sur une scène trop honorable pour lui, un châtiment que méritaient son crime passé, et les odieux projets de vengeance qui l'avaient suivi au combat.

Ce ne fut pas là le seul avantage que remportèrent les français, car ils gagnèrent entièrement la bataille et donnèrent aux arabes une nouvelle preuve des dangers qu'on court quand on se mesure avec notre courage.

Après ce combat, Joseph, réfléchissant à l'opiniâtreté que Mît-jhadi avait mise à le poursuivre, ne fut point fâché, quoique déplorant toujours les conséquences de la guerre, de s'être délivré d'un ennemi qui plus tard, grâce aux circonstances, aurait pu lui devenir funeste sous plusieurs rapports. Du reste il lui était permis, sans paraître barbare, de se réjouir d'avoir loyalement tué son plus mortel ennemi, celui qui en avait voulu plus qu'à sa vie, qui avait cherché à lui ravir l'honneur. Le trépas de l'arabe fut le plus éloquent témoignage d'amour qu'il put apporter à sa Louise qui, éplorée cette fois encore, attendait avec la plus pénible anxiété l'issue de ce combat. Joseph revint à elle tout rayonnant de sa victoire, et lui dit avec un orgueil qui tenait à un noble enthousiasme : Réjouis-toi, ma Louise, tu n'as plus d'ennemi sur la terre! Mit jhadi n'est plus! la pointe de mon sabre lui a fait rendre le dernier soupir. Gardons à jamais ces insignes militaires dont je le dépouillai dans l'asile où tu traînas ton siècle de captivité. Je ne connais point les lauriers que me destine encore la gloire; mais dût-elle m'en préparer la moisson la plus abondante, le plus doux trophée dont puisse jamais s'enorgueillir mon cœur, ce sera celui que j'arrachai de la poitrine de Mit-jhadi; car il me rappellera sans cesse ta fidélité, comme il sera de ma part pour toi le gage d'un époux qui sait venger l'honneur de sa moitié.

Imprimerie de Pommeret et Moreau, quai des Grands-Augustins, 17.

www.ingramcontent.com/pod-product-compliance
Lightning Source LLC
LaVergne TN
LVHW020030170826
845678LV00001B/194
*9782329734583*